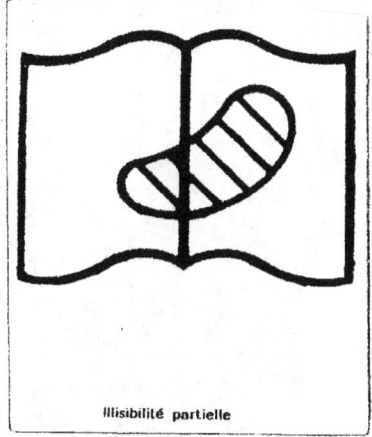

Illisibilité partielle

VALABLE POUR TOUT OU PARTIE DU DOCUMENT REPRODUIT.

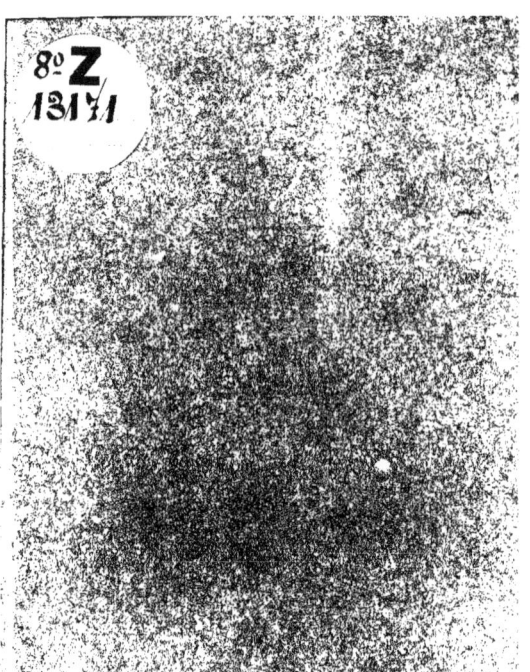

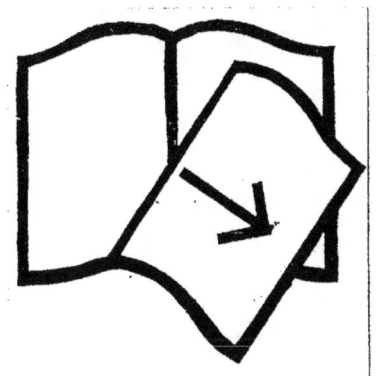

Couverture inférieure manquante

Original en couleur
NF Z 43-120-8

La Lutte Idéale
Les Soirs de La Plume
par
LÉON MAILLARD

Préface d'Aurélien Scholl

EDITEURS
PAUL SEVIN « **LA PLUME** »
— 8 —   — 31 —
Boulevard des Italiens   Rue Bonaparte
A PARIS

8.Z.
13171

La Lutte Idéale

LES SOIRS DE LA PLUME

EXEMPLAIRE N° 50

L'Edition marchande comprend 312 exemplaires :

  12 Exemplaires sur Japon Impérial à 12 francs ;
  300 Exemplaires sur vélin fort à 2 francs.

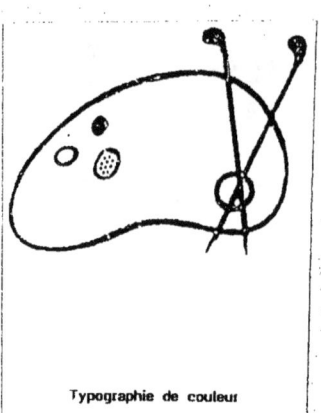
Typographie de couleur

LÉON MAILLARD

LA LUTTE IDÉALE
LES
Soirs de La Plume

PRÉFACE
DE
AURÉLIEN SCHOLL

94 Portraits par F.-A. Cazals, Balluriau,
F. Fau, A. Brière, Lebègue, E. Bourdelle, Ollivier,
Trachsel, A. Séon, Valin.

ÉDITEURS

PAUL SEVIN	« LA PLUME »
— 8 —	— 31 —
Boulevard des Italiens	Rue Bonaparte

A PARIS

PRÉFACE
DE
AURÉLIEN SCHOLL

Aurélien SCHOLL,
Président du 1er Banquet de La Plume.

A LÉON MAILLARD

Je tiens à vous remercier, mon cher ami, d'avoir bien voulu me communiquer les épreuves de votre *memento* des *Soirs de La Plume*. Cette petite brochure a des chances d'être l'album de demain; — et cet album pourrait bien être une genèse.

Je ne sais pas de tentative littéraire plus intéressante ni d'effort mieux réussi que la création de *La Plume*. Ce recueil de talents nouveaux qui, rapidement, a pris une réelle importance, fut, au début, une très mince brochure dans laquelle vinrent s'inscrire quelques jeunes poètes, et des chansonniers, et des critiques. Le fondateur, Léon Deschamps, a mis au service de la nouvelle génération toutes les ressources de son esprit inventif et de son goût tout particulier.

Il a battu le rappel, et, des valeurs disséminées, il a formé un groupe avec lequel il faut compter. Les soirées de *La Plume* ont opéré la fusion et le dîner mensuel a parachevé l'œuvre.

L'un dit ses vers, l'autre entonne sa chanson ; à l'idéaliste, au rêveur, succède le chanteur satirique : le rire après l'émotion.

Il faut voir l'exubérante jeunesse s'épanouir en ces agapes fraternelles. Les bonnes figures ouvertes, les franches poignées de main ! L'envie est inconnue à ces lutteurs, chacun applaudit au succès de l'autre. Ils se sentent monter ensemble.

Et Deschamps qui ne néglige rien, publie les silhouettes de sa pléïade, il n'y a pas moins de quatre-vingt-quinze portraits dans un de ces derniers numéros. C'est notre cher et grand Paul Verlaine qui ouvre la marche.

Le portrait est une consécration : un poète dont les traits ont été gravés est déjà mûr pour l'éditeur.

Et ce n'est pas tout ; après avoir armé les jeunes troupes, Léon Deschamps a jeté un pont entre deux générations. Il a compté ceux qui aiment les jeunes et leur a dit : Les portes sont ouvertes, venez et connaissez-vous !

La même salle a réuni Zola, Coppée, Claretie et Marcel Bailliot, Adolphe Retté, Edouard Dubus, Dauphin-Meunier, quatre-vingts convives dont le nom commence à percer.

C'est une bonne œuvre, une œuvre bienfaisante.

Personnellement, les dîners de *La Plume* m'ont rempli de joie et je souhaite à tous les convives, mes jeunes et aimables confrères

Tous amoureux de la gloire, le succès qui scintille là-haut, au-dessus des fronts de la foule !

AURÉLIEN SCHOLL,

★

L'illustre chroniqueur, qui daigne présenter cette étude d'un inconnu aux sympathies des lecteurs curieux du renouveau littéraire, n'a pas craint d'étendre sa présentation jusqu'au sujet même, et de montrer hardiment combien il goûtait La Plume *et les dîners de* La Plume.

Devant ce secours inespéré je m'incline avec joie, et je dis grand merci, pour tous, à mon maître Aurélien Scholl.

Je ne tenterai pas, après cette page convaincante, de retracer plus faiblement l'image de ces intelligences groupées sous le prétexte dînatoire, que notre premier président a montrée dans son entière vérité et avec de si nets arguments : s'y essayer, serait preuve de sottise orgueilleuse ou de lourd pédantisme. Je vais seulement reproduire, dans leur ordre de date, les discours et toasts qui nous furent adressés par nos présidents successifs; ils diront dans leur éloquence, et dans leur beauté, ce que sont nos luttes, ce que sont nos espoirs.

Mon étude montrera les lutteurs.

L. M.

DISCOURS

prononcé par M. ÉMILE ZOLA au 2ᵉ dîner de La Plume

MESSIEURS,

Je n'ai jamais, autant que ce soir, regretté de ne pas avoir le don de la parole. Mais je veux pourtant vous remercier, vous dire combien je suis flatté et heureux de l'honneur que vous m'avez fait, en m'invitant à ce dîner.

Je crois bien qu'il y a ici peu de jeunes écrivains qui pensent comme moi. Vous avez l'obligeance de m'envoyer vos journaux et vos revues, et je les lis avec un vif intérêt ; je vous connais parfaitement tous, je me passionne à suivre le mouvement littéraire que vous essayez de déterminer.

N'ayez pas peur, je n'entrerai dans aucune discussion esthétique. Je tiens simplement à faire remarquer qu'il y a, quand même, entre vous et moi, des ressemblances. J'ai voulu avant tout le travail, et vous le voulez aussi. J'ai voulu sinon renouveler l'art, du moins l'élargir, le pousser à l'expression la plus intense, et c'est ce que vous voulez également. J'ai eu beaucoup d'ambition, beaucoup de passion, même beaucoup d'injustice, et vous en débordez. Vous voyez bien que nous pourrions nous entendre.

Ah ! la jeunesse, que serait-elle sans la passion ? Il faut qu'elle soit injuste, si elle veut créer des œuvres originales. La folie lui est permise. Pour moi, je ne vous demande ni justice ni sagesse. Je crois qu'un écrivain, lorsqu'il a du talent, n'est fait que de travail et de volonté.

Messieurs, je bois à la jeunesse, qui est la grande force et le grand espoir, je bois à l'élargissement, au renouvellement de toutes les formules, je bois à l'art de demain qui forcément ne sera plus celui que nous avons apporté, je bois à tout ce que vous allez créer de nouveau, je bois même à l'enterrement des aînés, mais je vous demande de leur faire au moins de belles funérailles.

EMILE ZOLA

SONNET

dit par l'auteur

AU

3º Banquet de LA PLUME

—

Je suis un « pompier », soit Je ne suis pas pompeux.
Chacun la sienne ! Il faut que je chante à la fête.
« Ce que je veux ! » claironne un coq à rouge crête ;
Un coq plus enroué répond : « Ce que je peux ! »

Jeunes cadets, merci d'être bons pour un vieux !
Car c'est une heure triste — assez — quand le poète,
A l'œuvre qu'il rêva comparant l'œuvre faite,
Se console en voyant qu'il a fait de son mieux.

Selon Ronsard, versons quelques fleurs dans nos verres.
Mêlons-y, mes amis, vos fraîches primevères
Et mes pâles soucis de l'arrière-saison.

Je n'ai point vieilli trop, puisque j'admire encore
Les vers que le soleil des vingt ans fait éclore...
Je bois à la Jeunesse ; elle a toujours raison !

FRANÇOIS COPPÉE.

ALLOCUTION

prononcée par M. JULES CLARETIE
au 4ᵉ Banquet de LA PLUME

MESSIEURS,

Je tiens d'abord à vous remercier de l'honneur que vous m'avez fait en m'appelant à la présidence de ce dîner de *La Plume*. — J'aime beaucoup *La Plume*, avec son titre fier ; la plume, c'est le grand outil de ce siècle de travailleurs. Je lis, avec la joie qu'on éprouverait à humer de l'eau de Jouvence, cette revue militante, vivante, où les jeunes font vaillamment leurs premières armes et qui formera un si intéressant recueil pour l'avenir : Le Panthéon de début des nouveaux. — J'aime *La Plume*, comme j'aime la jeunesse et je bois à M. Léon Deschamps qui a groupé autour de lui de si rares talents, des poètes exquis et des publicistes de grand courage. Je bois à *La Plume* et à son cher et remarquable directeur.

Vous avez eu avant moi trois présidents qui sont de mes amis et que je tiens à saluer ici. Deux sont à mes côtés : mon si vieux et toujours jeune camarade Aurélien Scholl, le poète de *Denise* et le polémiste qui a retrouvé et redoré et réaffiné la plume de Chamfort, mon confrère et ami François Coppée, le grand poète des petits, le pénétrant conteur, ou consolateur, des *Intimités* et des *Humbles*, le vigoureux dramaturge de *Severo Torelli* ! Le troisième de vos présidents n'est pas ici et s'est excusé de n'y pas être : je bois à lui et lui envoie mon souvenir et le vôtre, au puissant romancier, à celui que nous appelions déjà un maître, dès notre jeunesse, à Emile Zola.

Et puisque — quoiqu'il n'y ait pas ici d'administrateur de la Comédie-Française ! — vous songez, je le sais ! — et vous avez raison — à quelques grands drames virils et nouveaux.... eh bien ! laissez-moi vous dire que j'attends de vous, collaborateurs de *La Plume* dont l'avenir retrouvera les jeunes noms, devenus tout à fait glorieux dans la revue de M. Deschamps, des œuvres et des chefs-d'œuvre... Oui, apportez-moi de vaillantes comédies, de beaux drames, en cinq actes et en vers — et... j'allais l'oublier!.. avec l'agrément du Comité — nous vous les ferons applaudir !

Mes chers hôtes d'aujourd'hui, je bois à vos œuvres de demain.

JULES CLARETIE.

LÉON DESCHAMPS
Fondateur de « *La Plume* »

LÉON MAILLARD

LES SOIRS DE LA PLUME

I

Le radieux été de 1889 se mourait dans sa splendide lueur, lorsque Léon Deschamps, père d'une gamine de revue, vieille de six mois déjà, remuante et bavarde, en papa tout enorgueilli du tapage que menait sa fille *La Plume*, me fit part, au sixième étage du 36 du boulevard Arago, de son désir d'ajouter une note d'art vrai aux bruits cosmopolites de l'Exposition Universelle, et pour ce faire, de joindre à l'action écrite de *La Plume* la diffusion par le verbe, comme il fut opéré aux temps classiques de 1880, par les *Hydropathes* et les *Hirsutes* et même à date plus

G. BRANDIMBOURG

récente par les gens de Montmartre.

L'idée était certes tentante et quelques chances militaient pour elle : — la révolte grandissait contre le document humain, le naturalisme, et les égoïstes qui soutenaient avoir trouvé le système définitif ; — aussi fut-elle mise en œuvre, et le sept septembre 1889, se pressaient dans l'arrière-salle du Café de Fleurus, — Jolliveau, propriétaire — plusieurs de ces personnages à l'allure hardie et à l'esprit novateur, si fort redoutés du bourgeois odieux, qui ne craignirent point par leurs paroles désordonnées, leurs gestes majestueux, de porter le trouble dans l'âme candide des joueurs de billard, dont l'expérience avait cru choisir un asile certain et tranquille pour les semestres à échoir de leur retraite de fonctionnaires paisibles. Et pourtant Le Fleurus en avait vu d'autres avant 1870.

Marcel **BAILLIOT**

Léon **DUROCHER**

La première de *La Plume*, sur laquelle le Cercle de la Critique n'avait pas délibéré, la première unit tout juste deux douzaines d'artistes, peintres, littérateurs, romanciers et flâneurs, astronomes des constellations futures, plus certaines jolies, très jolies femmes dont les noms, — de par mon fait — ne passeront pas à la postérité. Etaient là : Deschamps qui s'initiait à succéder à Floquet, Marcel Bailliot, tendant timidement une carte au nom de Fanfare, il n'en chanta pas moins comme une cigale qui ne redoute pas les h'vers ; Marc Legrand dit des strophes réalistes, Alphonse Bévyle, au murmure général, mettait sur leurs pieds des vers en culture, et riait le premier de l'émoi ;

Louis LE DAUPHIN

Léon Durocher, de sa voix harmonieuse et nettement timbrée lança : *Binious et Tambourins*, cependant que Jules Risse professeur à Parthenay (Deux-Sèvres) nous initiait à sa métropédophonie rénovatr ce 'par « le Voleur de Soleil, le petit Voleur » de quoi rendre M René Ghil jaloux. La tentative orthophonique-éducatrice de Risse causait un léger désarroi, calmé par Georges Brandimbourg avec sa désopilante *Barbe à Moustagna*, redemandée bien des fois : une barbe-

Fern. CLERGET

calvaire. Dumur, froid et digne, nous initiait à *La Néva* ; Bannière, le beau chevalier, se partagea entre une ode vadrouillarde et des fragments de Déroulède ; Dubus, ce poil dans la main de La Providence, commit des fumisteries et les fit oublier en se reprenant dans des suites exquises où il mit ce frisson attendri qui est son âme ; Clerget, au timbre religieux enveloppait d'une ombre grave ses symboles douloureux, fleurs de sa personnelle souffrance ; Le Dauphin n'étant pas en proie à l'*Image*, put montrer ses *Parisiennes* et ses sonnets d'une facture si élégante, Roinard mit sa belle exaltation dans *Le Fou* ; Redonnel fut fort choyé pour des vers fort précieux ; Alphonse Orhand nous fit largement rire — oh ! quel type ! — moins rire pourtant que son aîné, Joseph Orhand, avec *La Chanson du Congo*, dédiée au roi des Belges. La claque, se composait, outre les artistes non récitants, de romains triés sur le volet : le romancier Alexandre Boutique, que des succès prochains allaient égayer, Ch. Binet, le bon graveur Lefebvre accompagné du fidèle Degeorges, à la face hilare, — les deux inséparables, pas perruches quoique cela ; — Ch. Morice, littéra-

Paul ROINARD

Ernest RAYNAUD

teur du tout à l'heure, morne et blanc, telle l'antique Séléné. Félix Mauduit, ovationné comme pas un, notre peintre et camarade habituel Emmanuel Rousseau, et puis... moi, battoir remarquable.

A. BOUTIQUE

II

Le Café de Fleurus devint trop restreint à la seconde réunion — quinze jours après — et l'on s'en fut demander asile au *Soleil d'Or* place Saint-Michel, plus connu de nos vétérans sous son vocable aboli de l'*Avenir*. Le sous-sol nous paraissait une immensité non remplissable.

La prise de possession eut du relief. Si les bicyclistes n'y vinrent pas, on y fit des essais d'épreuves photographiques; on y eut même des semblants de luttes : des potaches, des quelconques de l'Association, se groupaient dans le sous-sol, — notre

Léon DEQUILLEBECQ

sous-sol, — les 1ᵉʳ et 3ᵉ samedis de chaque mois, — nos samedis, — afin d'y représenter des saynètes honnêtes, dédiées à M. Carnot. Et, honte soit de nous, une nuit d'octobre, où *La Plume* n'était pas en force, nous dûmes les laisser maîtres de la place.

O ! siège de Saragosse, ô luttes épiques des caves.

Amedée **DAVID**

Comme notre retraite n'altérait que les individus et non leur verve grandissante, notre marche de retour vers *Le Fleurus* fut scandée d'hymnes aux étoiles, de stances bruyamment lancées, et même du *Chant de la Reine Anne*, repris en chœur, et avec des intonations à bouleverser la Bretagne entière.

Donc, nous voilà installés définitivement, sinon confortablement au *Soleil d'Or*, blagués des uns, honnis par d'autres, jalousés un brin par des entrepreneurs de spectacles patentés ; mais encouragés, mais soutenus, mais rendus vaillants par les afflux et le réconfort des amitiés qui se groupaient sous notre titre... Il y eut bien deux ou trois lâchages infiniment regrettables pour les... lâcheurs. Or, en dépit de ces lugubres chouettes qui hululent, le samedi venu, devant la porte, dans les arbres du boulevard ou

Camille **LEMONNIER**

Arthur BERNÈDE

dans les recoins de la berge, le nombre, le nombre favorable et puissant nous vint et nous resta.

C'est que le groupement ne s'est pas seulement fait autour de personnages sympathiques, mais en vue de la défense commune de l'Idéal menacé par les anciens des Lettres et des Arts, ne voulant plus d'accession après eux. (Il y a quelques exceptions heureuses) Les écoles se sont succédé, symboliste, romane et française, dépouillant leurs défroques sur le carreau. Et sous la vêture momentanée, reparaissait la merveilleuse lueur spirituelle vers qui tous les jeunes vont s'orientant, en dépit des désignations arbitraires.

C'est cette intellectualité qui donne aux soirées de *La Plume*, une physionomie si complètement personnelle et qui la différencie totalement des sociétés lyriques, des cafés littéraires et mu-

Pierre TRIMOUILLAT

sicaux. Pourtant ce personnel actif et lutteur, a oscillé dans ses préférences ; son corps de doctrine est encore mal défini, et les certitudes peu établies. De plus, il a suivi la loi d'évolution à laquelle nul groupement, nulle œuvre, nulle individualité n'échappe : il s'est modifié, mais il s'est agrandi en ces quatre années, aussi presque tous les auteurs de ce mouvement continu se retrouvent-ils en société connue et appréciable ; les Samedis de *La Plume* ont, en eux, une homogénéité remarquable, sous l'apparente diversité des productions présentées ; ces réunions, très libres dans leurs affinités, également fort libérales quant aux groupements individuels, ressortent avec des apparences paradoxales, mais quand on est mêlé à leur fonctionnement, on en constate avec plaisir la véritable unité.

Dr J. Le BAYON

Paul BALLURIAU

Aussi cette unité sera-t-elle plus tangible quand l'éloignement des années donnera le recul nécessaire à l'examen sérieux et valable, méthode de toute valeur en critique ; alors il sera permis de compter le nombre et la force de

Alphonse GERMAIN

toutes les manifestations idéales qui s'y seront produites, et du triomphe avéré de quelques unes. Et dans la rigidité de l'examen, on verra se détacher la philosophie des soirées de *La Plume* en deux lignes, synthétique et parallèle : Mise en valeur des forces intellectuelles, sans nous, abandonnées ; — Mise en lumière des talents précédemment inacceptés.

PAUL VERLAINE

III

Que nous voilà donc loin de notre récit : — De cette poignée d'intrépides, assez fous pour tenter l'union des jeunes, est sortie cette masse cohésive et apparente qui est *La Plume*. Nos deux cents invités s'étouffent dans une salle où, par imbrication, se logeraient quatre-vingts ou quatre-vingt-dix personnes, le problème se compliquant de la présence des dames, plus étoffées en nature et en vêtements, aussi jugeons-nous qu'il est temps vraiment de... mais n'anticipons pas sur les événements, ainsi qu'écrivent couramment Ohnet, Richebourg et Montépin, et autres quintessenciés.

LUGNÉ-POE

* * *

Léon Deschamps, brun et sévère, se tient digne dans la tribune présidentielle. A sa droite, s'étend la scène, flanquée de deux coulisses latérales, elle est ornée d'un décor maritime illuminé d'une lune suggestive, Diane sout'ent les défaillances possibles. — Le piano est en face de lui, — on l'a changé de place depuis, ainsi que la tribune, dressés tous deux sur un plateau au centre de la salle

Jules de MARTHOLD

Adolphe RETTÉ

juste en face la porte d'entrée. — Le piano, une serinette aux sons vagues qui a lassé la patience de tous les accordeurs. Piano, d'un facteur non employable en géométrie. Piano, effroi de Le Bayon, navrance de David, terreur de Bernède, nos bons accompagnateurs privilégiés. Les vaillants, ils ont lutté contre les touches impavides, mais ils ont été vaincus, et les cordes et les pianistes sont rentrés en leurs cadres respectifs. David est retourné en Armorique, à son moulin de Kermentec, Bernède est devenu malade, et dans un accès de fièvre a donné les *Contes à Nicette* à un éditeur et le *Bijou de Stéphana* au théâtre de Cluny, Le Bayon en est tombé docteur, au mieux de nos affections diverses.

La pièce s'étend en équerre. Sur les murs sont collés les portraits publiés dans la revue. Les conversations sont anarchiques ; la morale est souvent attaquée, et peu fréquemment défendue ; la magistrature n'y jouit que d'un prestige absolument relatif, et l'on y prise beaucoup plus Baudelaire que

Alcide GUÉRIN

Louis Le CARDONNEL

Paul MASSON

Jules Simon. Les appréciations sur les camarades sont à angles aigus, et la pitié est sœur consanguine du persiflage. Néanmoins il y a des amis, surtout parmi ceux qui ne sont pas mis en chansons. On entend des éclats de rire et des papotages féminins. On boit du café et on siffle des bocks. La pipe est de grand style ; les petites gens se contentent de la cigarette vulgaire.

Dix heures. Deschamps se redresse davantage, de l'œil il investigue la foule, il commande l'entrée, de la main nerveuse il attaque la sonnette, et sa voix, tantôt charmeresse, d'autres fois im-

Jean MORÉAS

CORTÈS-GAILLARD

périeuse avec, dans certaines commotions, un léger zézaiement sur les X, clame : « Nous allons avoir le plaisir d'entendre notre camarade Z..... dans... » ou « la parole est à notre camarade Z... pour... » Le camarade récalcitre, alors : « deux hommes de bonne volonté pour amener Z... »

Le timbre vocal est bon, la sonnaille résonne. L'effet est sûr. Rien à modifier. Le défilé des poètes, des chansonniers, diseurs de profession, comédiens de talent, Lugné-Poë, Janvier et Lagrange, se poursuit vers la petite scène du fond. — L'attention est grande, les bravos sont nourris, coupés parfois par des brocards intempestifs, présidentiellement et impérieusement réprimés par Deschamps, ce qui fait rigoler Bailliot : — *Dring, dring* ; voyons Maillard, on n'entend que toi, *dring, dring* ; — dénégations de la tête par ledit Maillard, lesquelles ne sont jamais prises en considération au bureau ! — *Dring,*

André VEIDAUX

dring. Assez, assez, Retté ! Toi aussi, Dubus. — Mais non ! — Mais si ! — Mais non ! — Si, tu parles exprès tout haut. — Non !! — Si !! — Ah ! tu m'embêtes.... — et la soirée s'achemine vers minuit, pour le quart, l'heure fatale de la débandade.

Les soirées de *La Plume* de bi-mensuelles, sont devenues hebdomadaires, c'est dire qu'elles sont recherchées d'une manière suivie.

Le Compagnon **MARTINET**

Cette continuité dans le succès, contestée par les seuls grincheux de tempérament est un fait non encore constaté sur le sol du Quartier-Latin, terre féconde et meurtrière, qui ne laisse pas vivre ses enfants afin de leur donner plus promptement des successeurs.

Jules **LÉVY**

Les efforts antérieurs n'avaient marqué qu'une mince empreinte. *Les Hirsutes* et *les Hydropathes* dont la vogue fut si, si brillante, n'eurent

RAMBOSSON

H. DEGRON

relativement à *La Plume* qu'une durée éphémère. Cette persevérance d'efforts, introuvable dans les fastes artistiques, est due autant à la bonne foi qui est la dominante des fidèles de *La Plume* qu'à la mobilité et à la variété intéressantes des pièces. L'éclectisme n'est là qu'une perception en commun de la Beauté, sous la variation individuelle de la formule. — Les œuvres y sont présentées en liberté, tels les chevaux de M. Loyal.

Jean Moréas, parent de La Fontaine par le prénom, a toujours rencontré à *La Plume* ses admirateurs et ses contempteurs les plus forcenés. Son *Ecole Romane* est née, a vécu, est morte au *Soleil d'Or*. (1) — Henri d'Argis, savant, remuant

(1) L'Ecole Romane loin d'être décédée, est plus vivante que jamais.

Emile WATIN

et comédien, créateur de *Sodome*, y a coudoyé Darien, le caustique pégriot de *Biribi*; Raynaud a dressé *Les Cornes du Faune* près d'une adaptation moqueuse d'un poëme classique; Jean Rameau a fait jaillir ses lyriques élancements.

Vicomte G. De LAUTREC

Verlaine, le dernier romantique, merveilleux évocateur des grâces disparues, de sa voix si basse a murmuré des *Chansons pour Elle*, alors que Bloy, renfermé en lui-même, remaniait pour des volumes futurs, ses vindicatives imprécations latines. Gayda y vint et le compagnon Martinet aussi ; mon ami, l'anarchiste Veidaux a soutenu en vers rudement frappés sa pensée socialiste.

Car la tenue est assez franchement révolutionnaire, et plus d'un compagnon est venu y défendre hautement la propagande par le fait : la politique y est interdite, mais passe sous le couvert d'une strophe, ou de quelques quatrains. Il est juste de re-

R. de la TAILHÈDE

LES SOIRS DE LA PLUME 41

WILLY

Charles MAURRAS

marquer que par une antithèse très fréquente les plus farouches destructeurs sont souvent d'un classique à faire rougir les élèves de La Normale ou des Chartes. — Néanmoins tous ceux que Sainte-Pélagie a cueillis ou oubliés ces derniers mois, n'ont pas eu à se plaindre de l'accueil reçu dans ce sous-sol si proche de dame Thémis. N'est-pas Zo d'Axa ? — Gabriel de La Salle fut plus tiède, de même Cortès-Gaillard.

Goudeau disait *La Houille* et se faisait supplier pour *La Revanche des Bêtes*. Jules Lévy venait monologuer un brin ; Léon Durocher, toujours en voix, lançait des stro-

Emmanuel SIGNORET

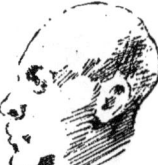

Guillaume Le ROUGE

phes mordantes et humoristiques comme L'*Epitre aux Concitoyens* et la *Ballade des 28 jours*, tantôt des poésies lyriques comme *Les Pêcheurs d'Etoiles*, tantôt des pièces érotiques comme *La Chosette*, et à *Dame Thémis*, — puis ce fut quelques fois Goudeski, narquois, descendant du *Chat Noir*, pour donner la note du beau-dire avec *les Bœufs*, et malgré cette prétention à la suprématie, — songez, un de la Butte — il était compris et applaudi. Voilà ce que réservent les terres rivales. Grenet-Dancourt, l'amusant dramaturge, l'auteur choyé de mille monologues, le père de ce mathusalem dénommé : *Trois femmes pour un mari*, se laissait aller gentiment à déclamer cetaines œuvres ; Jules Bois évoquait des effrois raffinés dans des envolées imprégnées d'occultisme, mystérieuses et nuancées avec art ; Armand Masson disait d'un air détaché : *les litanies des seins*, et quelques autres fredons non plus tristes ; Georges Proteau plaçait, par tranches, les *cent sonnets d'un fumiste* ; Dumur lisait des fragments importants de ses poèmes rénovateurs ; Le Dauphin, mon vieux copain, faisait la guerre au Sym-

Gaston NOURY

Jean COURT

bole, en des vers purement inspirés de Musset. — Ch. Buet, l'auteur du *Prêtre* dérogeait à l'art dramatique, en nous faisant connaître des pièces plus courtes ; les trois anabaptistes, Degron, Rambosson et Watin, avec leur diction lente et nettement détachée des liens du Conservatoire, mettent dans des sonnets et des poésies, une technique réellement merveilleuse. Degron chante *Les Bois* avec une amplitude si remarquable que les bravos finissent par lui faire repousser son œuvre tant goûtée. Il paraît pourtant revenir à des sentiments meilleurs, car son nocturne merveilleux m'est apparu dans une édition illustrée chez Vanier.

Quelques soirées, nous eûmes le bonheur de posséder Léon Cladel, l'impeccable écrivain, l'homme probe par définition, visite d'autant plus inespérée que sa santé si frêle le retenait coutumiè-

Albert SAINT-PAUL

rement dans son ermitage de Sèvres, en haut de la colline ensoleillée, d'où l'on découvre, d'où l'on domine Paris ; mais, pour ses jeunes amis, que n'eût-il fait ? Il lui arriva de rester parmi nous, malgré qu'il ne fût à Paris que pour une couple d'heures, avait-il dit en s'éloignant des êtres chers, si inquiets de lui. Mais, homme de combat, source de loyauté, il donnait sincèrement et amplement l'effluve virile dont on le priait. Il s'était séparé hautainement de ses compagnons de la veille, parvenus sans vergogne de la politique et de la littérature, réservant aux jeunes, aux faibles, son appui, sa tendresse, ses conseils et son temps, cette monnaie toujours manquante aux écrivains. — La terrible journée de juillet nous a privés du meilleur des amis et du plus chéri des Maîtres. — Près de lui, le révérend Père La Cayorne, notre cher vieux Pon-

J.-L. CROZE.

Adrien REMACLE

Le Docteur J. GÉRARD

sard, avec sa belle et soyeuse barbe blanche, lançant gaiment ses gaillardises et des couplets maritimes. Et encore Gabriel Vicaire et le docteur Gérard, l'auteur d'une thèse brûlée en grande pompe par l'Académie de Médecine dans la grande cour de l'Ecole : *De la fécondation artificielle*. A son actif encore quelques livres remarquables sur *La Névrose* et les *Névroses*.

PELLEGRIN — Henri MAZEL

— Les troupes donnaient : Chabance, le doyen des poètes du Quartier, suivant la malicieuse répartie de de Lautrec, Jacques Tellier, mêlait son ironie à la facture parfaite de ses sonnets. Clerget disait de sa voix devenue plus tristement profonde sa *Notre-Dame* que je trouve la perle des *Tourmentes* (1) ; de Lautrec, Hauser, Gauche se faisaient apprécier chaque soir davantage. Léon Dequillebecq, trop rare, nous faisait goûter *Cruauté* et *Hostia*, deux

TARDIVAUX

(1) Dans la Bibliothèque Artistique et Littéraire.

DALIBARD

sonnets de grande allure, et *Unique*, poésie ; Dalibard, un timide, jetait rapidement ses fables expresses et ses anthologies très spéciales. Le Cardonnel et Signoret nous touchaient par leur sens si curieusement catholique. Charles Maurras, dans sa foi d'apôtre pour le Midi rédempteur, voyait les gens du Nord abdiquer leurs spéculations nuageuses, et le génial Retté renier sa *Thulé des Brumes* (1), et de connivence avec Merrill, beau comme un Stuart, desquels il est, rejeter le Symbolisme menteur, sacrifier leurs ésotérismes à la Vénus phocéenne, alors que les derniers disciples du Symbole se prosternaient, repentants, dans la gloire rayonnante du Soleil-Dieu. — Hélas ! succès éphémère, car le Nord ne lâche pas ainsi sa proie ; et *Parsifal* et les *Niebelungen* hantent trop l'éclatante vision de Retté pour qu'il ne se ressaisisse pas, et alors ce sont des déborde-

IVANOF

(1) Volume de la Bibliothèque Artistique et Littéraire.

ments de strophes où les rimes rivales s'envolent et pleurent, chantant, frêles, timides ou bruyantes, les sensations de ses nerfs, se grisant des narcotiques funestes et des poisons paradisiaques. — Dubus, toi aussi tu as sacrifié au haschich menteur, et toi aussi Merrill, Et vous avez laissé glisser sous la chaleur factice du verbe, du mètre et de l'assonance, ce froid horrible, ce froid moite qui nous apeure. — Malgré les musiques **Charles SAUNIER** de vos vers, malgré les vêtures de pierreries et de gemmes, croyez de nouveau un peu en cette vie, Venez donc rire un peu à la vie, même à celle d'au-delà, plus loin que tous les ciels, à la Vie irradiante, astrale, vibrante, éternelle, favorisant toutes croyances et élevant l'esprit jusqu'au rêve le plus auguste et le plus éthéré.

Souriez, chers, si vous ne voulez rire. Tenez, voilà Willy qui vous y convie, ses avatars les plus sérieux n'empêchent ni la fusée de gaîté, ni la calembredaine du mot, et ses souffrances s'enferment dans un cercle de calembours, comme disait Belmontet :

Albert MÉRAT

Le vrai feu d'artifice est d'être magnanime.

Et Willy (Henri G. V.) manque de pitié.
R. de La Tailhède se tient dans une dignité d'aède et ne compromet ni son chef Moréas, ni l'École Romane. René de La Villoyo, seul représentant de l'École française, dit ses invocations à la beauté.
Paul Vérola, simplement y dit des poèmes, Dauphin-Meunier quelques pièces de facture rare et de trop courte durée. De temps en temps, Boubert quitte sa galère du boulevard Montmartre, pour lancer un sonnet, puis il se sauve vers ses morasses. C'est Jean Court, puis Jean Surya, puis Léon Leclère, puis Albert Saint-Paul et Jean Carrère, le tout jeune Pellegrin et Gaboriau qui vient une fois l'an respirer l'atmosphère séquanaise, pour supporter sa Vendée, et Paul Gabillard, et Louis Gaillard,

Yann NIBOR

le peintre-poète, que Richepin a imposé aux marchands de la rue Laffitte, Tardivaux de l'*Ermitage*, et Henri Mazel le directeur de cette revue-sœur, charmant, discret et sympathique. Moins fréquent, trop peu, Vallette le si brave président de la colonie esthétique du *Mercure de France*, ne fait plus guère que de la critique et des... romans très goûtés.—

Ceux-là que je viens de citer ne sont pas les seuls poètes dont le talent se soit affirmé, mais que les omis ne me tiennent pas rancune, je sais, si le nom m'échappe présentement, je sais leurs efforts, je sais combien leurs forces ont fécondé l'ardente terre germinale de la pensée.

Mais les poètes ne sont pas isolés à *La Plume*. — Près d'eux, — eux-mêmes souvent, — sont des chansonniers à nuls autres semblables, chanteurs, musiciens, maîtres de la forme du vers, qui apportent dans la vivacité ou le ralentissement de leur rythme cette satire bien tranchante que le crayon a perdu depuis André Gill. Non que je veuille oublier ni débiner les dessinateurs qui nous prêtent leur concours désintéressé, très désintéressé, mais je m'occupe des chansonniers, et il faut que je dise moins de bien de la corporation adverse.

NOYAB

M. Du PLESSYS

IEN en voix, Sallé ouvre nos séances avec une fidélité qui nous est très précieuse. Coulon dit des ballades d'un ton pimenté ; Du Plessys n'en a pas modifié sa tenue pourtant. Cazals sait dessiner et ses portraits de Verlaine sont les seuls parfaitement vrais qui soient ; mais il chante Verlaine presque mieux qu'il le dessine, et il a noté Moréas avec la même rigueur de méthode. Il épingle les travers littéraires, il mord de sa note suraigüe les vanités et les amitiés fausses, il a le trait en scie, cet Eugène Delacroix de la fantaisie, et certain élégiaque en a senti le froid grincement. Le courage de Cazals est sans limite dès qu'il s'agit de ses gilets

F.-A. CAZALS

Gabriel MONTOJA

et de ses cravates qui font frissonner Henry Fouquier. — Vann Nibor, le héros des *Matelots Chauffeurs*, se dépense en mathurinades passionnées ; Noyrb, un nouveau venu, humoristique et narquois, le Gastibelza des carabins, chansons mortuaires, pimpantes et troussées; Saulgrain, un producteur acharné, son dernier succès se nomme *Les Caraïbes* ; Ferd. Duchêne, élargissant son couplet chaque jour à la vérité et à la poësie de La Terre ; a trouvé sa voie véritable avec *La Plaine* ; Montoja, l'auteur des *Veuves du Luxembourg*, de *La Mort du Propre à Rien*, des *Yeux*, de vingt autres numéros à succès, qui hantent nos mémoires ; se laisse désirer. Léon Durocher n'oublie pas que sa voix est mélodique, et, excellent chante comme il dit : Sa *Marche* est un bijou d'entrain et d'esprit. — Ivanoff, aux traits de Christ, aux accents de prophète, se révèle d'une allure aussi désespérée dans son visage que dans *La Mort du Poète* — une réponse, semble-t-il ? — Dumont et Brière, des chargeurs réunis, bons dessinateurs entre temps, Eugène Héros, fait frissonner à l'a-

SAULGRAIN

M. DUMONT

preté de ses silhouettes miséreuses; ses *Petits fieux* ont inspiré à Steinlen une page des mieux venues. — Mougel secoue l'Académie comme un cerisier. — Marcel Legay, de sa voix ample et chaude, a fait pénétrer parmi nous ses succès d'autrefois. Nous lui en avons créé de nouveaux, *La Chanson des Adieux*, et d'autres.

Albert BRIÈRE

Voilà Marcel Bailliot, le zutiste, ayant cinquante refrains à son arc, chansons dans la manière blagueuse, crânes, frisques et joviales, avec en dessous bien masquée, une jolie petite pointe sentimentale et attendrie ; a plus fait pour la gloire de Moréas que les bibliopoles du quai. Bailliot chante les *Abricots*, les *Trottins*, les *Dos* et s'appuie sur les *Fanfares du Cœur*.

F. DUCHÊNE

Marcel LEGAY

queteau ; — une voix se promenant sur des octaves, telle la feue reine Cléopâtre, des poignées de diamants à la hauteur de la glotte, soigne sa production, incessante ; une faconde sans rivale dans une forme châtiée. A de l'esprit comme quatre, mais est.... gracieux autant que Deschamps, quand le baromètre est en baisse. L'*Incendie du Chabanais* appartient désormais au répertoire. Inspecte l'actualité sans s'accorder de répit.

Le prince Pierre Trimouillat, frêle, fluet, impertubable, Eugène Lemercier, une jolie voix, une jolie figure, un joli talent, une jolie malice rembourrée et soignée, un des plus sympathiques parmi les plus sympathiques ; a pour lui, en outre, son aménité qui lui vaut des amis et *Sa Vie en Chansons* qui lui vaudra des rentes si son éditeur veut bien voir le joli volume qu'il a.

Le roi de la fête, l'idole de Scholl, l'épouvantail de Groselaude, Joseph Can-

Eugène LEMERCIER

Ch. MOUGEL — embusqué derrière un binocle. Se soucie peu des coups de ..... bouche, chante des couplets malins, lestes et clairs. Fait le bègue, de façon à embêter Chervin. A poussé son premier cri à *La Plume* et s'en vante.

J. FERNY — Ferny, chansonnier ironiste, implacable, un enfant de *La Plume* que *Le Chat Noir* ne prit que tardivement. Ferny a trouvé dans une autre gamme que Mac-Nab, les notes de scalpel qui dépouillent un homme politique en pièce anatomique : *Le Missel Explosible*, *L'Ecrasé* sont de l'élixir mordant, *La Visite présidentielle* est une virtuosité sur le Président de la République. On peut dire que M. Prudhomme-Carnot a rencontré en Ferny, son Henri Monnier.

J. CANQUETEAU

Ernest CHEBROUX

Une seule fois est venu mon très vaillant camarade Tiercy, certainement un des comiques les plus irrésistibles qui soient. Mais avec cela d'une modestie outrageante qui lui fait craindre les bravos. Avec un peu de toupet en plus, il serait choyé de tous les fervents de la chanson fine, bien soulignée, et surtout intéressante dans sa modernité. — Chebroux n'a que rarement présenté de ses productions, quoiqu'il en ait à revendre. Se réserve pour un numéro spécial consacré à *La Chanson*.

J'en suis à regretter l'exiguité de mon format, qui m'oblige à ne pas citer tous les titres des chansons, encore moins les pièces elles-mêmes, mais elles ont toutes été publiées dans *La Plume* qui leur a attribué des numéros entiers, en dehors de l'insertion ordinaire.

D'ailleurs, ces chansons qui marquent bien leur époque sortent de l'intimité de notre céna-

SAWA

PAPUS

cle et s'affirment à la scène. Qu'on le veuille ou non, Yvette Guilbert doit son triomphe autant à son énorme valeur qu'au choix des œuvres qu'elle présente ; et ses œuvres viennent de nos auteurs. Un jeune artiste, Mevisto, conquiert une place fort remarquée en interprétant au Concert, les chansons de *La Plume*.

Pourquoi ne pas causer ici de manifestations qui pour n'être pas affichées à tous nos samedis n'en eurent pas moins leur reflet ? Je veux parler des reconstitutions d'airs anciens, particulièrement du Poitou, de la Vendée et de la Bretagne. — Alors, c'était

Georges ROUSSEL

Louis MIOT

René EMERY

ravissant, on sentait passer dans notre brouhaha moderne, quelque parcelle de l'âme des ancêtres, et ces mêmes tapageurs qui bruissaient à une attaque contre le gouvernement ou contre la *Ligue pour la Morale des Rues* (gare aux chiens, M. Lozé !) se taisaient et devenaient graves et rêveurs à une évocation rythmée en tons pleins sur laquelle des jupes ballantes avaient ondulé autrefois. Et c'était Deschamps, oui Léon Deschamps, notre si sévère président, l'arbitre des destinées de *La Plume*, qui *y allait* de son : *Sentinelle, dormez*, mais en patois saintongeois ou poitevin, d'un charme étrange avec des trilles se plaquant sur les finales, puis notre cher président, lancé, se ressouvenant de ballades angoumoises et bordelaises, continuait de nous initier aux douceurs des accords anciens. Joseph Orhand fit connaître *Les Matelots de Groix* — ce qui faillit nous faire coucher au poste : notre enthousiasme ne pouvant se réfréner se donnait carrière, en pleine nuit, sous des fenêtres closes qui s'ouvraient sous la montée de nos bruits mélodiques, mais, désenchantement, les fenêtres s'ornaient de bonnets de coton. Et les sergents de ville, nul ne l'ignore, aiment

Pierre LAMARCHE

4

Th. GESLAIN

mieux le roi d'Yvetot et ses méchants produits capitulaires que Berlioz, Rossini, Wagner ou le barde inconnu que nous interprétions si amplement, — la nuit est conductrice des sons, — nous brusquaient quelque peu, mais ayant l'âme large, nous pardonnions.

Le Bayon mit au point, sur un piano réfractaire, le *Chant de la Reine Anne*, et cette large et si passionnée plainte nous remua, nous, les blagueurs, qui l'enlevions en pas de marche ; que nenni, c'était toute leur foi à ces gens qui ne vivaient que sur des souvenirs et des légendes, et leur espoir se mouillait des effrois et des craintes des choses entendues et non bien comprises : Mystérieux souffles qui emportent les aromes de la lande et qui font parler les grandes pierres entre elles, et cela n'est pas joyeux, mais bien enveloppé, enveloppé. — Alphonse Orhand connaissait maints airs du Bocage, et de La Plaine, la *Belle Hôtesse*, et surtout les *Gas de Séné*. Ah ! les *Gas de Séné*, quelle vantardise campagnarde, quels brillants accrocs à la logique, à la syntaxe et à l'harmonie. — Duchêne, sur des paroles de lui, reprend les notations dont son enfance a été bercée. — Combien de ces vieilles chansons nous furent dites et nous

J. UZANNE

plurent, je ne le saurais marquer complètement : mais il y avait du respect dans cette alliance de notre scepticisme et de ces vieilleries, un peu fanées, mais fleurant si bon.

Voilà donc une série d'efforts non infructueux ; mais grâce surtout au concours d'une assistance sans égale : poètes qui dédaignent de dire ne voulant pas troubler

Félix **MALTERRE**

Fernand **FAU**

les vaillants artistes de tout ordre, camarades sûrs et de bon appui.

C'est dans ce milieu intellectuel que chansonniers et poètes se produisent ; dans cette salle minuscule, où aucune personne n'entre si elle n'a montré la carte verte au remarquable administrateur de *La Plume*, Louis

Henri de GROUX

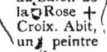
Andhré des GACHONS

TRACHSEL

Miot, qui a la tenue du tabellion antique, au temps où l'amour de l'argent du prochain n'était pas une pratique notariale. Desfois, notre cher Malterre, un écrivain solide et un charmant poète, le supplée avec vigilance, à moins que ce ne soit moi.

Milieu où se pressent des peintres, des dessinateurs tels que Fernand Fau un illustrateur fin et gracieux, très connu des lecteurs de la maison Quantin, personne ne réussit comme lui les dessins sans légendes, Ballu riau, féministe très souple, le créateur des meilleurs dessins du *Fin de Siècle*, créateur également de son titre ; Trachsel, un architecte visionnaire qui a brillé au Salon de la Rose + Croix. Abit, un peintre que les amateurs se dis-

Maurice BAUD

puteront. Lacressonnière, fils de l'acteur célèbre, mariniste lumineux, trouve des gris sans rivaux pour noter les embruns et les vagues. Henry de Groux, le vainqueur de l'Union Libérale avec son *Christ aux Outrages*, Jules-Benoist Lévy qui court la France entière pour trouver la vérité. Mon si vieil copain Emmanuel Rousseau, décorateur supérieur et un peintre excellent, successeur de Chardin dans la nature morte, esprit calme et rassis, prétend le Salon des Champs-Elysées une bonne institutions, et bizarrerie, est artiste quand même. Les deux frères des Gachons. Andhré, un mystique qui recherche l'influence de Grasset et de Puvis de Chavannes ; son frère Jacques plus âgé, journaliste et écrivain délicat ; Maurice Baud, Baud-Bovy, Gaston Noury, V.

Jacques des GACHONS

M. KREUTZBERGER

Lucien HUBERT

Meurein, qui donna à *La Plume* un joli titre que le parquet ne goûta guère. Lebègue, qui a publié chez nous un beau portrait de François Villon. Le maître graveur Charles Caïn, connaît les multiples ressources de son art, et pratique l'eau-forte aussi bien que la manière noire, le sculpteur Henri Bouillon, le pastelliste Germain. Des intellectuels : Durand-Tahier, le si sympathique secrétaire de la *Société Nationale*, un écrivain d'art savant et disert, Fénéon, Kreutzberger, Auriol, Aurier, Ch. Saunier, des critiques indiscutables, Bigand-Kaire, Jules de Marthold, Guillaume le Rouge, J.-L. Croze, notre secrétaire de la direction, qui est un soiriste... mais les indiscrétions me sont interdites ; Adrien Remacle dont *La Passante* (1) cause l'émotion que l'on sait dans le monde des lettres, René Emery, le fondateur du *Fin de Siècle* qu'il quitte pour lancer le *Don*

Léon LEBÈGUE

(1) 1 volume. Bibliothèque artistique et littéraire.

Eugène CLASSE

Juan, titre supérieur, ce mesemble. Georges Roussel, distingué, homme du monde et auteur dramatique applaudi. Pierre Lamarche qui a le sens du théâtre au plus haut point, s'est fait représenter avec succès à Boulogne-sur-Mer. Sera joué à Paris cet hiver ; le musicien Quittard, le parnassien Albert Mérat que Coppée appelle « Mon Cher Maître », Léger de l'Halle, Lucien Hubert un fumiste, mais très sérieux dans la direction de la *République illustrée*. Geslain, Eug. Classe, Alcide Guérin, Joseph Uzanne autant notre ami que son frère Octave, le fameux bibliophile ; Maindron, un archéologue pour qui les armes n'ont pas de secret : la terreur des collectionneurs armuriers, démolit leur *armeria* en trois phrases. Gustave Piel l'administrateur du *Rappel* depuis vingt ans ; de Kerdaniel, l'humoriste Alphonse Allais, qui cherche constamment des effets nouveaux dans la manière de lire les vers, en a trouvé de longitudinaux, d'octoèdres, de fuligineux, est attelé à la méthode parabasique, en sortira galamment. — Le poilant Alcanter de Brahm,

Enrique Gomez CARRILLO

qui traîne dans ses pérégrinations thermales, une bande de croque-morts à sa suite ; a découvert avec sublimité un pseudonyme très neuf pour le *Nouvel Echo* : en hâte, a avisé ses lecteurs. Georges Docquois, auteur de *Bêtes et Gens de Lettres* que publie l'*Echo de Paris*, Abadie, Boyer d'Agen, les poëtes espagnols, mais romans, Sawa et Enrique Carrillo ; le Docteur François, conférencier sans égal, explorateur de toutes les îles Océaniennes, vous parle des Hébrides, comme Madame de celles de son chapeau, les docteurs Letoux et Barret, qui connaît le Japon mieux que Loti (Pierre), Alphonse Boogaerts, le prince Thoraval de Kerguvlen, Riotor qui ne paraît que de loin en loin, Léon Vanier qui vient guetter les éditables pour son fameux comptoir, et cent autres qu'à mon défaut, rappelle la fidèle nomenclature ci-après.

Léon **VANIER**

Voilà ce que j'ai retenu de *La Plume* et personne ne peut soutenir en penser plus de bien que moi.

J'oubliais : Nous avons déménagé. Nous déménagerons probablement encore : — Le *Soleil d'Or* nous tenait à l'étroit et puis son sous-sol froissait les cordes vocales de nos artistes ; nos docteurs n'auraient bientôt plus suffi à établir des certificats. Nous conduisant en bourgeois, après fortune faite, nous avons lâché le sous-sol et nous nous

Michel **ABADIE**

sommes installés dans un rez-de-chaussée de café, 41, rue des Ecoles, dont, pour n'en pas perdre la coutume, nous avons changé l'enseigne.

Je crois bien que nous procéderons de même, *La Plume* et nos amis aidant, en littérature et en art.

LÉON MAILLARD.

LISTE ALPHABÉTIQUE

des personnes qui ont honoré de leur présence

LES

SOIRÉES DE « LA PLUME »

du 15 Octobre 1889 au 5 Mars 1892

A

Abadie (*Michel*), Albiot, Agostini (*Dr Louis*), Allais (*Alphonse*), Ale (*Georges d'*) — PIERRE DUFAY, Amouretti, André (*P.-Marius*), Anglois (*Fernand l'*), Antonut, Argis (*Henry d'*), Argus (CORTÈS-GAILHARD) Argyriadès, Arkaï (*Léo Pillard d'*), Arnoulin (*Stéphane*), Aubert (*Philippe*), Aubry, Aurier (*J.-Albert*), Auriol (*Georges*), Averse, Aviotte, Axa (*Zo d'*).

B

Badran (*François*), Bailliot (*Marcel*), Bailliodz, Baju (*Anatole*), Bannières (*Louis*), Barbier (*Emile*), Barde, Bardinon (*Mlle Aline*), Barrol (JULES-BOURGOUGNON), Baroux, Barthelemy (*Edmond*), Barthou (*Léon*), Bataille (*Frédéric*), Baud (*Maurice M. et Mme*), Baud-Bovy, Baudoin, Baudot (*Emile et Jules*), Baudot (*Henri*) Baujon (*Georges*), Begona, Bellanger (*Georges*), Belugon, Benoit

(*Alphonse*), Benoit (*Jules*), Bérenger (*Henry*), Bergeret-Janet (*Alfred*), Bergeret (*Marius*), Bergès (*Gustave*), Bernard, Bernier (*Robert*), Béroud (*Louis*), Berrichon (*Paterne*), Bersany (*Henry*), Besse (*Louis*), Bévylle (*M. et Mme Alphonse de*), Bigand-Kaire (*Edmond*), Bigeard (*Ernest*), Billet (*Mme Fanny*), Binet (*Charles*), Blanc, Blanchard de Farges, Blanchet-Mazon, Blavet (*Alcide*), Blery (*Albert*), Blocq (*Paul*), Blondeau (*le Dr*), Bloy (*Léon*), Boès (*Karl*), Bogaërts (*Guillaume et Alphonse*), Bois (*Jules*), Bonnard, Bonnamour (*George*) Bonnet (*G*), Bonnet (*Jules*), Bonnin (*Edouard*), Bonnin (*Mlle Amélie*), Bomim (*Jean*), Bordes (*Gaston*), Bordes (*Jean et Mme*), Borno, Bortel, Bossanne (*Henri*), Boubert (*Alphonse*), Bouillon (*F. et Henri*), Bouhaye (*Ernest*), Boulicault, Boutique (*Alexandre*), Bourgaud-Ducoudray, Boute.' (*P.*), Boyer d'Agen (*A.-J.*), Brandimbourg (*Georges*), Braines (*Henri de*), Brière (*Albert*), Brout (*Charles*), Brucker (*Paul*), Bruneau, Buet (*Charles*), Buet (*Ferdinand*), Bunel (*Charles*), Butève (*Léon*), Byll (*Henry*).

C

Cahours de Fénols, Caïn, Calteaux (*Jules*), Cambet (*H.*) Canqueteau (*Joseph*), Canton (*Jules*), Carbonnel (*J.*), Carbonnelle (*Henri*), Carboni, Cardonnel (*Louis Le*), Carrère (*Jean*), Carle (*Georges*), Caron (*Achille*), Caron (*Denis*), Cartée, Carton de Wiart (*Henri*), Caruchet (*Marcel*), Castelin (*Junior*), Cazals (*F.-A*), Caulier (*Raymond*), Cavailhon (*Elisée*), Caverse (*H.*), Cerf (*A.*), Chabard (*Paul et Pierre*), Charpentier, Chassery (*Janvier*), Chateau, Chauvigné (*Auguste*), Chazelon, Chabance (*André*), Chérié (*A.*), Cholin (*Henri*), Cinq-Mars (*marquis de*), Claratie, Clerget, (*Fernand*), Cœuille (*Eugène*), Cock (*Vital de*), Cohen (*Paul*), Colle (*Léonce*), Coppée, Coppin (*Armand*), Compang, Contestin, Cora (*Mlle*), Cordier, Cornut (*Samuel*), Corréard, Coudray-Kerny (*H.*), Coulon (*Marcel*), Cournet (*E.*), Court (*Jean*), Coutances, Coutant (*Gaston*), Coutard, Croze (*J.-L.*), Crouzet, Cuvelier, Czerwinski.

D

Dalaut (Léon), Dale (Louise), Dalibard, Dalibert (A), Damian-Lieder, Datien (Georges), Darjeau (René), Darling, Darlowe (Philippe), Daunès (Yvonne), Daurelle (Jacques), David (Charles et Amédée,) Dayrmont (G.), Debert. Degeorges (Edouard), Degron (Henri), Degroux (Henry), Delacour Charle), Delaroche (Achille), Delcourt (Henri), Dellac, Delons (Raoul), Delvaille (Alexandre et Albert), Demare (A.), Denise (Louis), Dennery (Armand), Depont (Léonce), Dequillebecq (Léon), Derilly, Dornoy, Deschamps (Léon), Deschamps (Hilaire), Deshayes (Jeanne), Deshayes (Louis), Desvaux (Alain), Desvaux (Gustave et René)., Didier (Georges), Dihau, Docquois (Georges), Dorie D'Ors (Jeannine), Douceroche (de la), Douries (H.), Drault (Jean), Dreville (A.), Drieu, La Rochelle, Druën, Drune (Charles), Dubron (Léonce), Dubreuilh (Gaston). Dubus (Edouard), Duchêne (Jules et Ferdinand), Duclos, Dudragne (Charlotte), Dufour (Ernest), Dufour (Philippe), Dujardin (Eugène), Dujardin (Edouard), Dulac, Dumas. Dumont (Maurice), Dumur (Louis), Dunoyer, Du Plessys (Maurice), Dupuis (Ernest), Dupuis (A.), Dupuy (D.),1 Durand, Durand-Tahier (H.), Durocher (Léon), Durva (Bernard), Duval (André), Duval (E.), Duvauchel (Léon, Derigny (Mlle).

E

Echaupre (Gabriel), Elcar (Georges), Elleau (Eugène), Elslander, Emery (René), Simonis-Empis (H.), Encoignard (Octave), Erhard (Auguste), Eric (Georges). Escandre (Théophile), Essad-Bey, Estève (d'), Eutrope, Even.

F

Fabre (Louis), Faivre (Dr P.) Fau (Fernand), Faure (Sébastien), Faure (Albert), Favard (Paul), Favier Eugène), Féline (Michel), Félix (Gabriel), Fénéon (Félix) Ferny (Jacques), Ferré (H.) Fisher (P.-J.), Flamery. Fleurichaod Fort (Paul), Fortin, Fosser, François (Dr), Fournier (M.), Franck-Vincent, Frocher (Henry), Fuzeré (H.).

G

Gabillard (*Paul*), Gaboriau (*A.-N.*), Gaillard (*Louis*), Gachons (*Jacques et Andhré des*), Guillotel (*F.*) Gallois (*Jean*), Gamard (*D.-A.*).), Gassier (*L.*), Gascuel (*Dr*), Gauche (*Alfred et Henry*), Gauthier (*Charles*), Gay (*Suzanne*), Gayda (*Joseph*), Gayet (*Jeanne et Henri*), Gazanor, Genonceaux, Gensse (*Adolphe*), Dr Gérard (*Joseph*) Gérard (*Henri*) Gerbaud (*Jules*), Gérès (*Albert*), Germain (*Alphonse*), Germain (*Louis*), Germaine, Gibotteau, Girault (*Albert*), Girault (*Léonce*), Gilès, Girard (*E.*), Giraud, Goudeau (*Emile*) Goudezky, Grenet-Dancourt, Gripoux, Grivart (*René*), Groslambert, Grouvelle, Groux (*Henry de*), Gruny, Guays (*Louis*), Guérin (*Alcide*), Guillaume (*Dr L.*), Guy (*Maximo*).

H

Hjalmar-Loudeu (*le colonel*), Harmonie, Harley (*Sophie*), Haug (*Emile*), Haüg (*Albert*), Hayet (*Louis*), Henry (*A*), Hermignie (*d'*), Héros (*Eugène*), Hilaire, Hubert (*Lucien*), Huet (*Vincent*), Hugon (*Pierre*), Hugounet (*Paul*), Huot.

J

Jacob (*Paul*), Jacquet, Janvier, Jars (*Rachel*), Joüon (*Dr.*), Jayau (*F.*), Jolly, Jubier (*Frédéric*), Julien (*E.*) Justal, Juy-Quillot.

K

Keller (*Alexandre*), Kerdaniel (*Edouard de*), Kerhoant (*Lucie*), Kreutzberger (*Maurice*), Kolf (*Louis*), Krysinska (*Marie*),

L

Lacomblez, Lagrange, Laloue (*Jules*), Lamarche (*Pierre*), Lammero (*Henri*), Lamore (*Jules*), Landry,

LES SOIRS DE LA PLUME

(*Georges*). Lantoine (*Albert*), Lanurien (*de*), Lapauze (*Henri*), Lapaire (*Hugues*), Lorien-Plaa (*Gaston et Raoul*), Larlat, Laroche (*Julien*), Laudner, Lauchy, Lausanne (*Claude*), Lautrec (*Vicomte de*), Laverdet (*Henri*), Lavigne (*Paul*), Le Baillif (*Q.*), Le Bayon (*J.*) Leborder, Le Cardonnel (*Louis*), Le Clerc (*René*), Leclercq (*J.*), Le Dauphin (*Louis*) Le Duc (*Alphonse*), Lefebvre (*Léon*), Lefou (*M.*) Lefournis (*Jean*). Legentil (*Edouard*), Léger de l'Halle Le Goffic (*Charles*), Legrand (*Marc et Emile*), Lejeune (*Albert*), Lelong, Lemare, Lemercier (*Eugène*), Leneau, Lenoir, Léonard. Le Quesne (*Jean*), Le Rouge (*Guillaume*), Le Roy (*Achille*), Leroy (*Henry*), Lesaulz (*Gaston*). Lesserteur (*Henry*), Lessingue (*Georges*), Le Teuf (*Valentin et Victor*), Letoux-Lettry (*Etienne*), Levêque (*Constans*), Levet (*J.*), Lévy, Lévy (*Jules*), Lièder, Linchet (*Elias Poncin de*), Lynd (*Maurice*, Lœvenbrueck (*V.*), Lœwy (*André*), Lothé (*Raymond*), Louys (*Pierre*), Lozé (*Camille*), Lugné Poë, Lombard (*Victor*), Lemonnier (*Camille*).

M

Madeleine (*Mlle*), Maginet, Maillard (*Charles et Mme*), Maillard (*Léon et Mme*), Maindron, Majoresco (*G.*), Majourel, Malleval, Malterre (*Félix*), Malusky, Manesco, Marchand, Marchetti, Martel (*Jeanne*), Marlhold (*Jules de*), Martinet (*Paul*), Masseron (*Léon*), Masson (*Armand*), Mauclair (*Camille*), Mauduit (*Félix*), Maurras (*Charles*), Maurevert (*Godefroy*), Mazade (*Fernand*), Mazel (*Henri*), Melain (*Paul*), Melchissedec (*Léon*), Melon, Menorval fils (*de*), Mercier (*Alphonse*), Merrill (*Stuart*), Mérac (*Jean*), Mérat (*Albert*), Méry (*Gaston et Jules*), Nerville (*H.*), Meugy (*Dr V.*), Meunier, Meunier (*Dauphin*), Meurein (*Victor*), Meyer (*A.*), Meyer (*E.-M.*), Meyerson (*Emile*), Mikaëlowitch, Millens (*Edouard*) Minalolo, Miot (*Louis*), Monge (*Joseph*), Montcharmont (*Mlle*), Montel, Montoja, Morand (*E.-J.*), Moréas (*Jean*), Moreau (*Aline*), Moreau (*Th.*), Moreilhon (*Gaston*), Morello (*Mlle Diana*), Morice (*Charles*), Morinerie (*Léon de la*), Morisse (*Paul*), Mougel Mozemon, Museux, Monselet (*André*).

N

Nadedja (*S. A. la Princesse*) LOUIS DUMUR, Naudeau (*Ludovic*), Navarre (*Louis*), Nettan, Nicolas (*Georges*), Niederhaüsen, Nilhoc (*Yren*) HENRY CHOLIN. Noël (*Arthur*), Nosirod, Nour (*Michel*), Noury (*Gaston*), Noyer (*Albert*), Nugeyre.

O

Ohl (*le baron*), Olivier (*A.*), Osbert (*A.*), Ostrowki. Oswald (*Charles*), O'Reilly (*Patrick*), Orfer (*M. et Mme L. d'*), Orhand (*Alphonse et Joseph*), Oriol (*Henry*), Ourousof (*le Prince Alexandre*).

P

Pagès (*Octave*), Paillette (*Paul*), Palanque (*Ch.*), Parcevenux (*de*), Parfait. Parl (*Pierre*), Pebeyre (*V.*), Peiffer, Pellegrin (*Ch.*), Pelletier (*Abel*), Pellerin, Percheron (*Paul*), Perret, Petit (*Gabriel*). Petit (*Dr*) Peyrel (*Paulus*), Pezet, Pianelli (*Jules*), Piel (*Gustave*), Pierron, Pinaud (*Dr*), Piole (*Martial*), Pirrou, Polios, Ponsard (*René*), Popesco, Poucart (*Georges-Ivan*), Pouchaud (*Ernest et J.*), Pourot (*Paul*) Poussin (*Alfred*), Prévaudeau, Prodhon, Prolo (*Jean*), Proteau (*Georges*), Prulhières (*Henry*), Puig.

Q

Quittard (*Henri*).

R

Rambosson (*Yvanhoé*), Rameau (*Jean*), Raymond, Raynaud (*Ernest*), Randon (*G.*), Redonnel (*Paul*), Règé Rémond (*Henry*), Réné (*Albert*), René (*Félicien*), Renouard (*Marie*), Retté (*Adolphe*), Rety (*Marius*), Riou (*Joseph*), Risse (*Jules*), Rivolta (*S.*), Robert (*L.*), Robineau, Rochas (*Marius*), Rocher (*Georges*), Rochoa,

Roinard (*Paul*), Romain, Roquelin (*Louis*), Rosalynd, Rosenthal (*Léon*), Rouillé (*A.*) Roumey (*Madeleine*), Rousseau (*Emmanuel*), Roussel (*Georges*), Roy (*Jules*).

S

Saint-Martin (*O.*), Saint-Pol (*Albert*), Saint-Paul-Roux, Saint-Pons (*René de*), Salle (*Gabriel de la*), Sallé, Salmon, Salvetti (*Antoine*), Samain (*Albert*), Saulgrain (*M. et Madame*), Saunier (*Charles*), Sauvert (*Alcide*), Sauveterre (*de*), Scheidesch, Schilt, Séon (*Alexandre*), Serieys (*Albert*), Sèrs (*E.*), Servant (*Stéphane*), Sidenier, Simart (*Jean*), Simon (*Eugène*), Simon (*R.*), Soudan (*Paul*), Souday (*Paul*), Sousiedrki, Sparafucile, Steinlen (*Georges et Aimée*), Stéphane (*Georges*), Sterner (*Albert*), Sturn, Subersac, Surya (*Jean*), Scholl (*Aurélien*).

T

Tailhade (*Laurent*), Tailhède (*Raymond de la*), Taillis (*Louis et Mme*), Tardieu (*V.*), Tardivaux (*René*), Tausserat, Terhence (*André*), Texier (*Mlle*), Thevenin (*L.*), Thierry (*Maurice*), Thiriey (*Alphonse*), Thomassière (*H.-Valentin de la*), Thoraval (*Paul*), Thooris (*docteur*), Tiercy, Tissier (*Paul*), Tissot (*Victor*), Tordut (*Aristide*), Touffut (*René*), Tournier (*Albert*), Tournon, Tourzac, Trachsel, Trebla, Trimouillat (*P.*), Tripier (*Albert*), Trimschall, (*O. Van*), Tual (*Gustave et André*), Tuillié.

U

Uzanne (*Joseph*).

V

Valentin (*H.*), Valin (*Pierre*), Vasesco, Veidaux (*André*), Verlaine (*Paul*), Vernay (*Pierre*), Vernhes (*Fernand*), Vérola (*Paul*), Verte, Very, Viaud, Vital de Cock, Vignier (*Charles*), Villoyo (*René de la*), Vincent (*Franck*), Vivian, Vogt (*William*).

W

Wallon, Watta (*Emile*), Watin, Wattez (*Léontine*), Weil (*A.*), Weiss (*le docteur*), Welsch (*Henri*), Wenceslos, Wilhem, Willany (*Suzanne*), Willy (*H. Gauthier-Villars*), Wintrebert, Wolff (*Maurice*).

Y

Yan-Nibor, Ysabeau (*Emile*), Yver.

Z

Zébeaume (*A.-J*), Zévacco, Zola (*Emile*).

ACHEVÉ DE TIRER LE PRÉSENT LIVRE
SUR LES PRESSES DE J. ROYER
IMPRIMEUR A ANNONAY
LE X SEPTEMBRE MDCCCXCII

www.ingramcontent.com/pod-product-compliance
Lightning Source LLC
LaVergne TN
LVHW021005090426
835512LV00009B/2080